Anime Characters
How to Draw for Beginners

This page left intentionally blank.

It's Time to Draw

Your Name

It's Time to Draw

Your Name

It's Time to Draw

Your Name

It's Time to Draw

Your Name

It's Time to Draw

Your Name

It's Time to Draw

Your Name

It's Time to Draw

Your Name
____

It's Time to Draw

Your Name

It's Time to Draw

Your Name

It's Time to Draw

Your Name

It's Time to Draw

Your Name

It's Time to Draw

Your Name

It's Time to Draw

Your Name

It's Time to Draw

Your Name

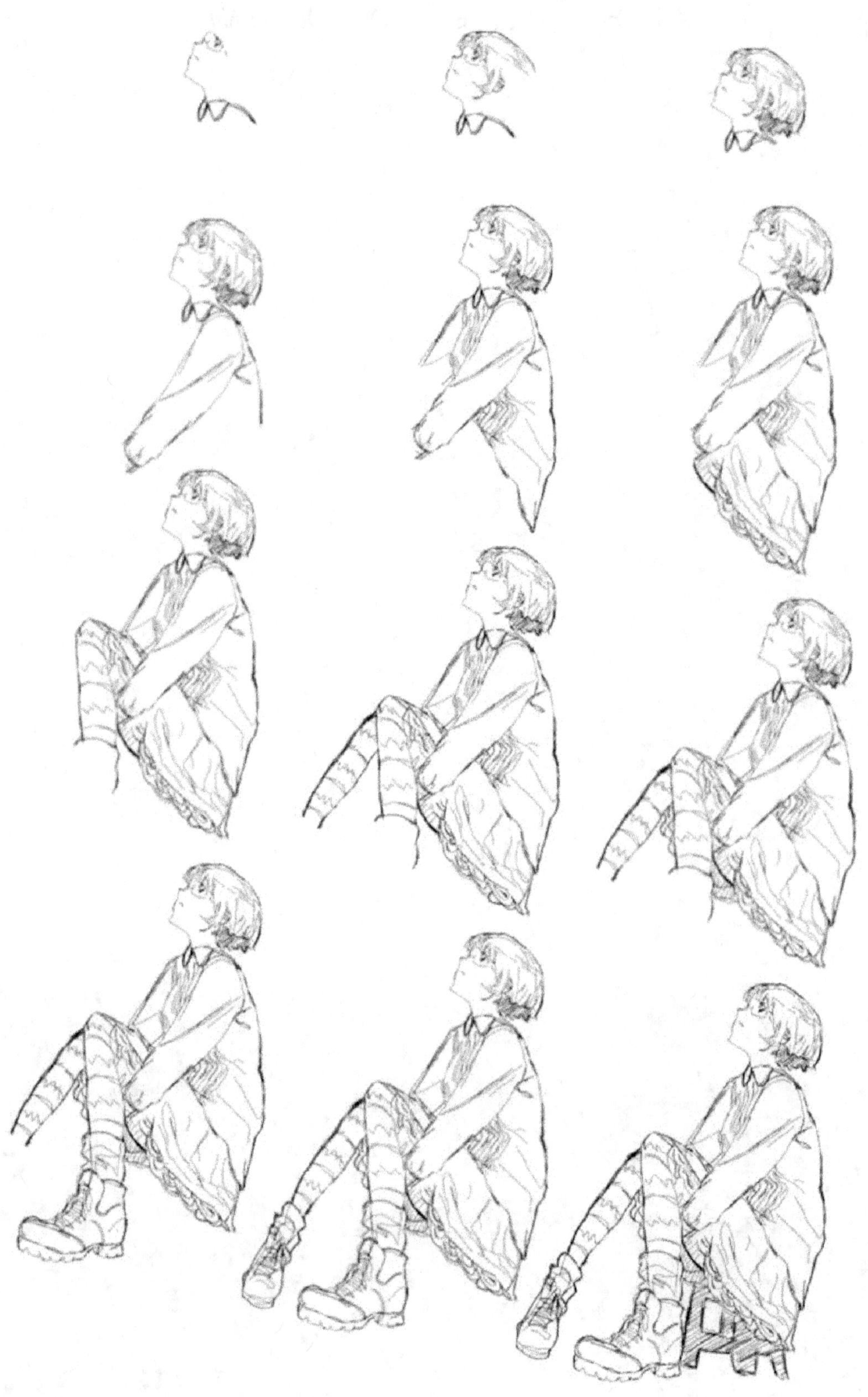

It's Time to Draw

Your Name

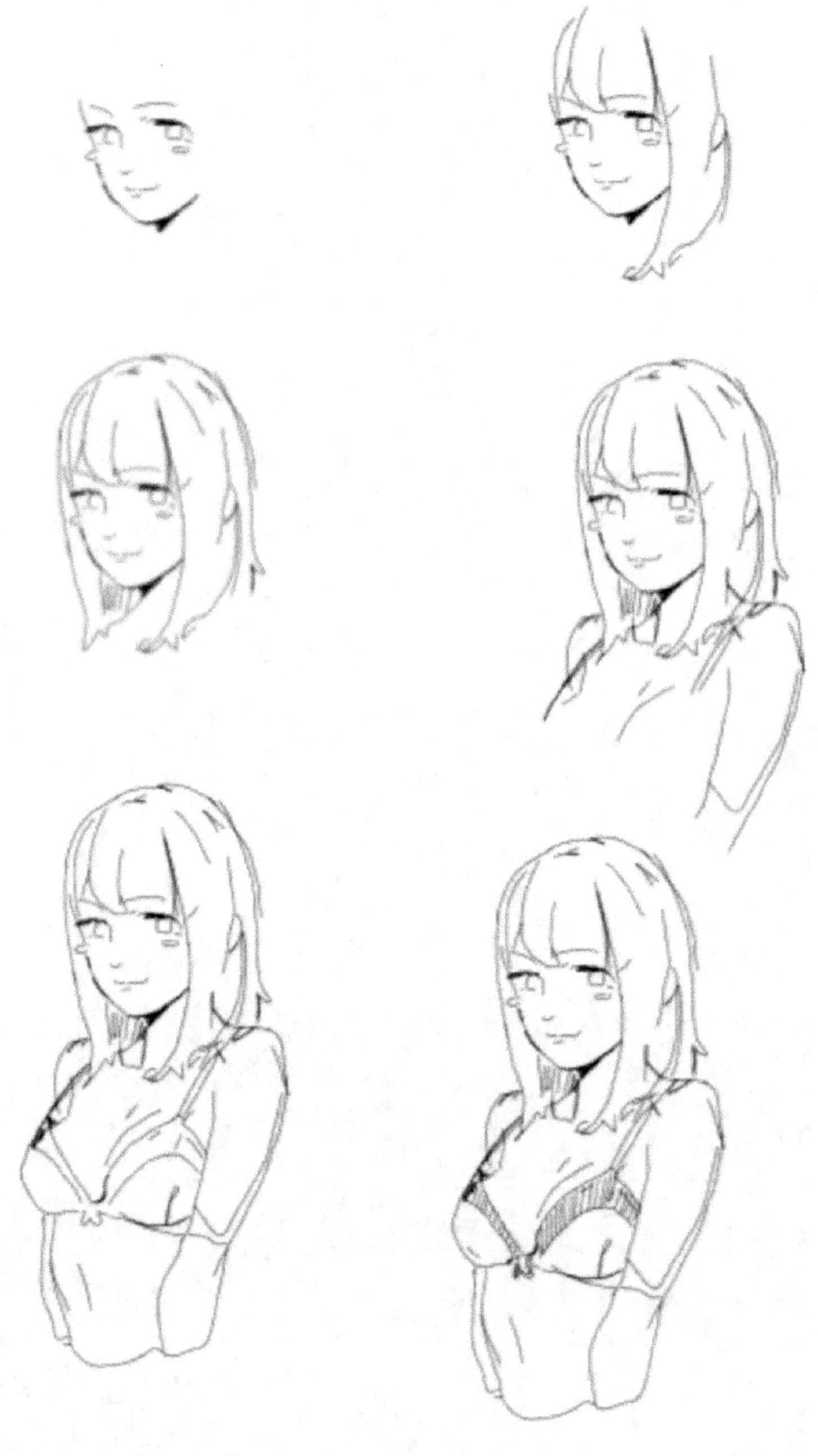

It's Time to Draw

Your Name

It's Time to Draw

It's Time to Draw

Your Name

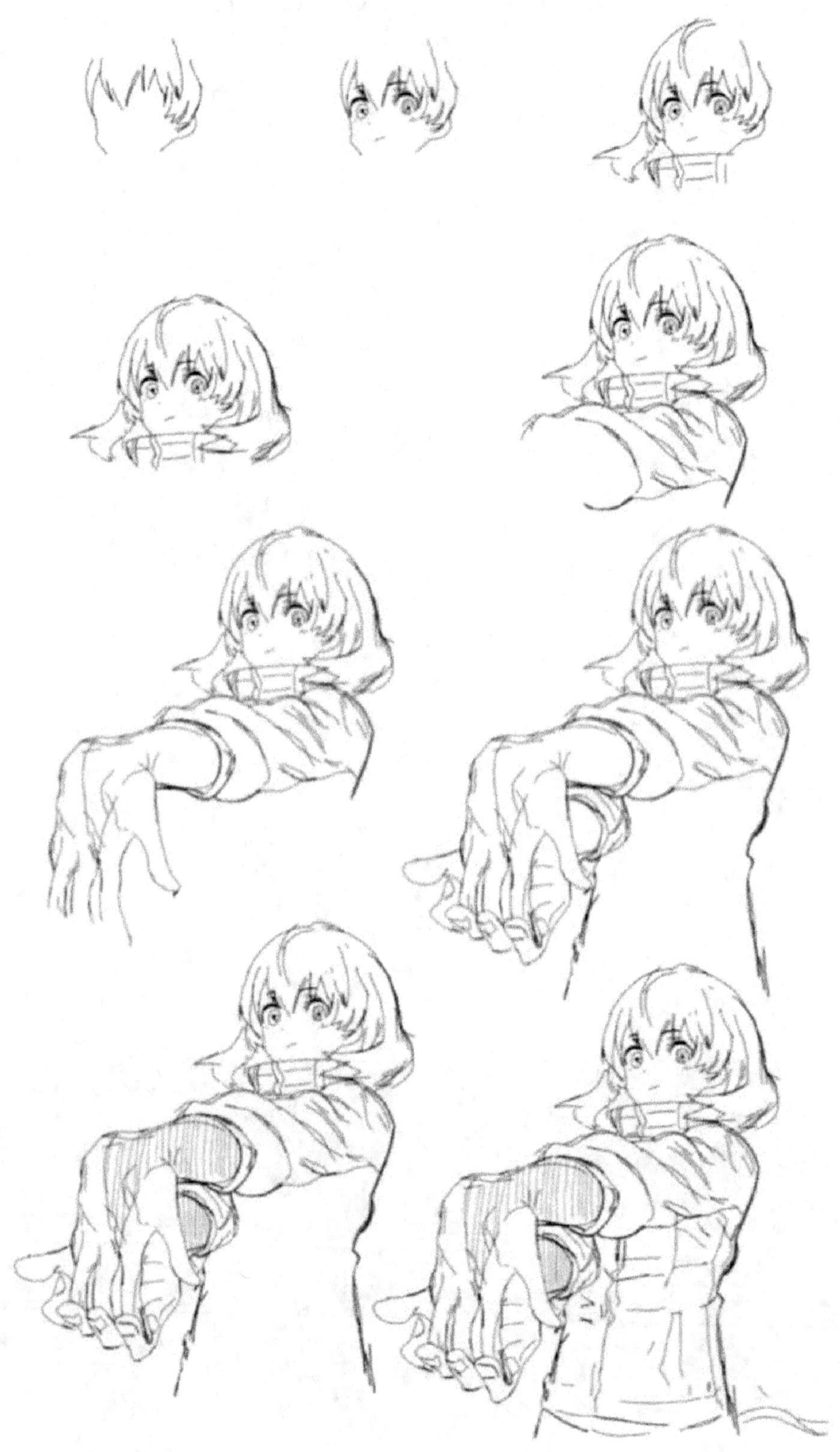

It's Time to Draw

Your Name

It's Time to Draw

Your Name

It's Time to Draw

Your Name

It's Time to Draw

Your Name

It's Time to Draw

Your Name

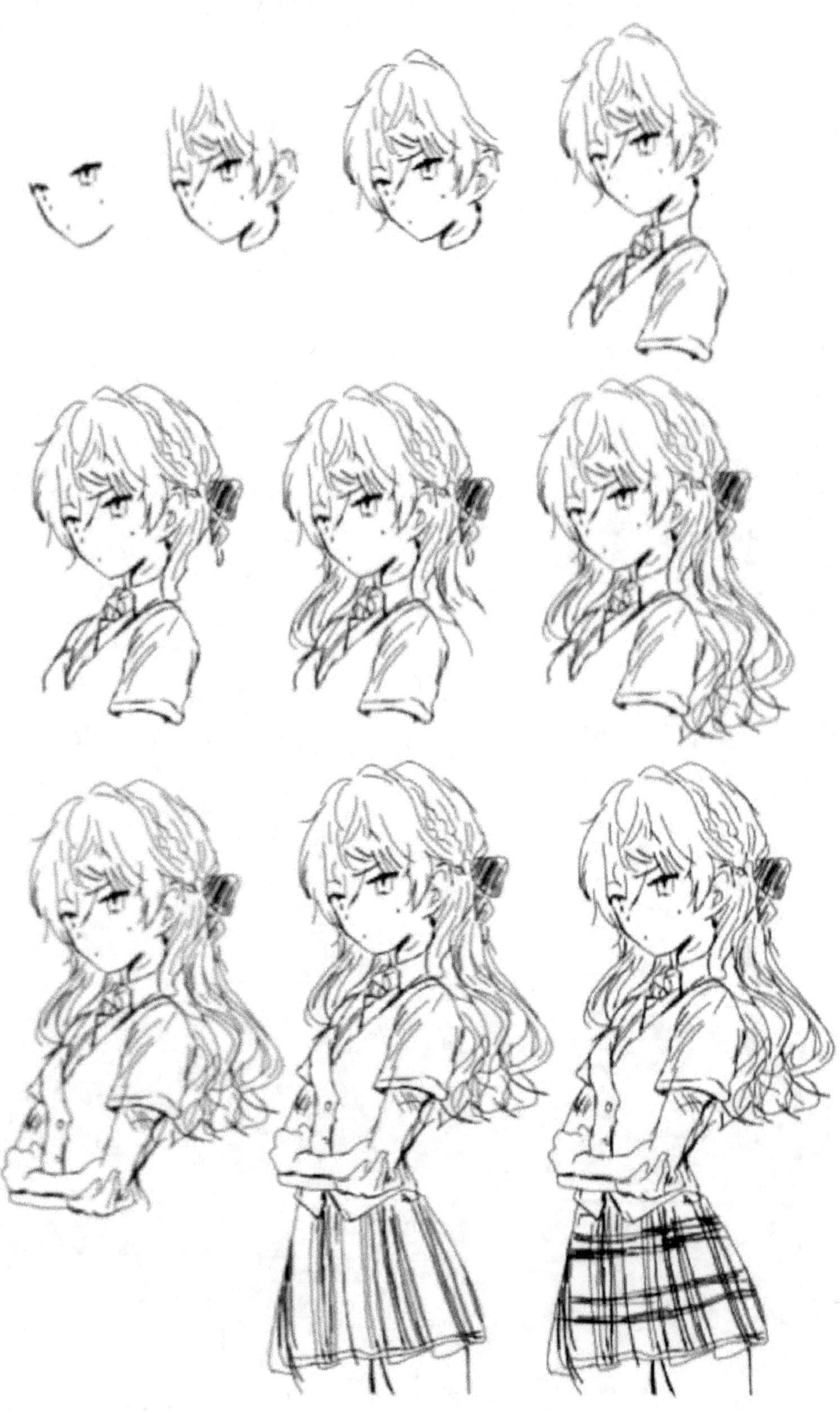

It's Time to Draw

Your Name

It's Time to Draw

Your Name

It's Time to Draw

Your Name

It's Time to Draw

Your Name

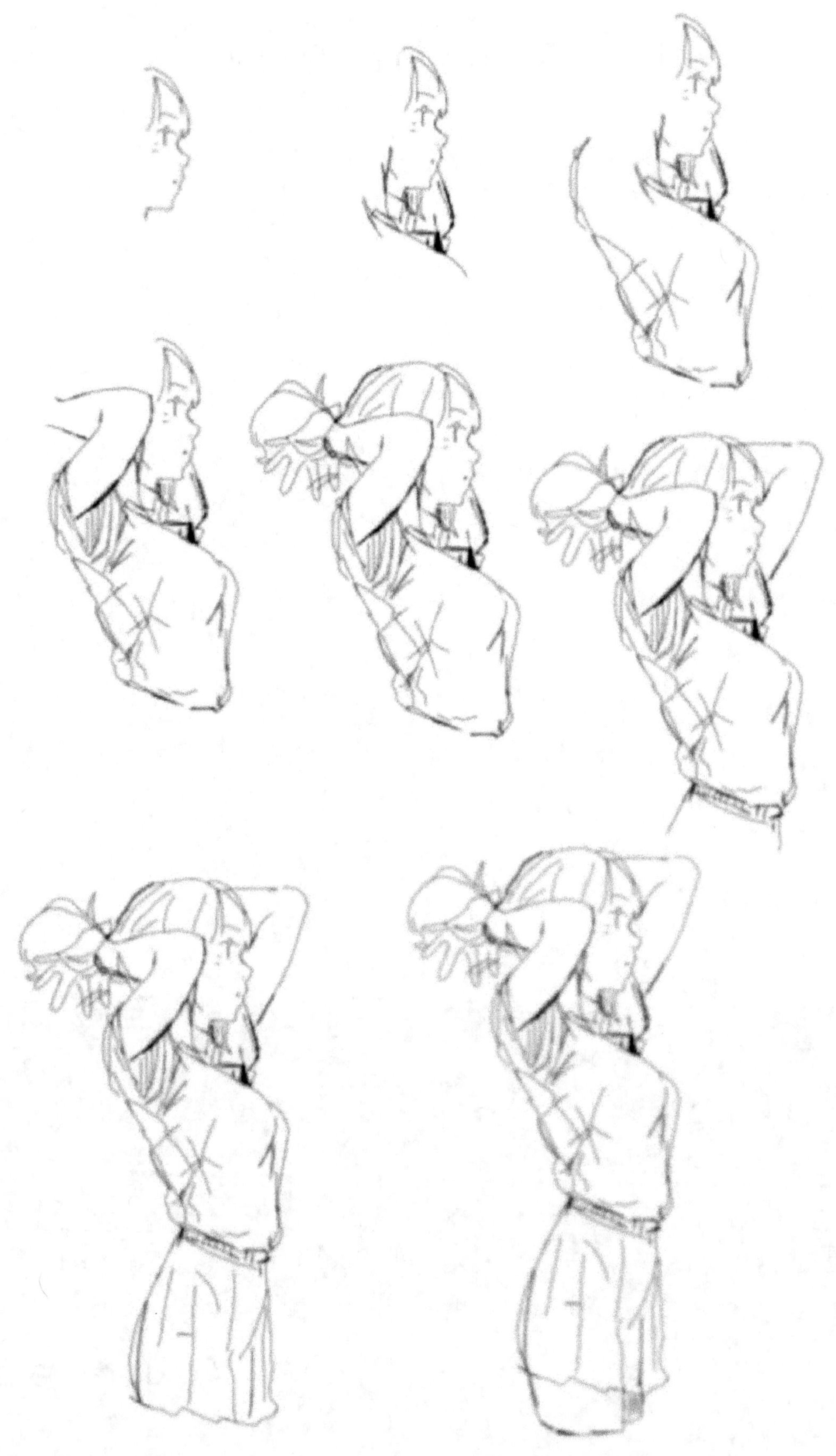

It's Time to Draw

Your Name

It's Time to Draw

It's Time to Draw

Your Name

It's Time to Draw

Your Name

It's Time to Draw

Your Name

It's Time to Draw

Your Name

It's Time to Draw

Your Name

It's Time to Draw

Your Name

It's Time to Draw

Your Name

It's Time to Draw

Your Name

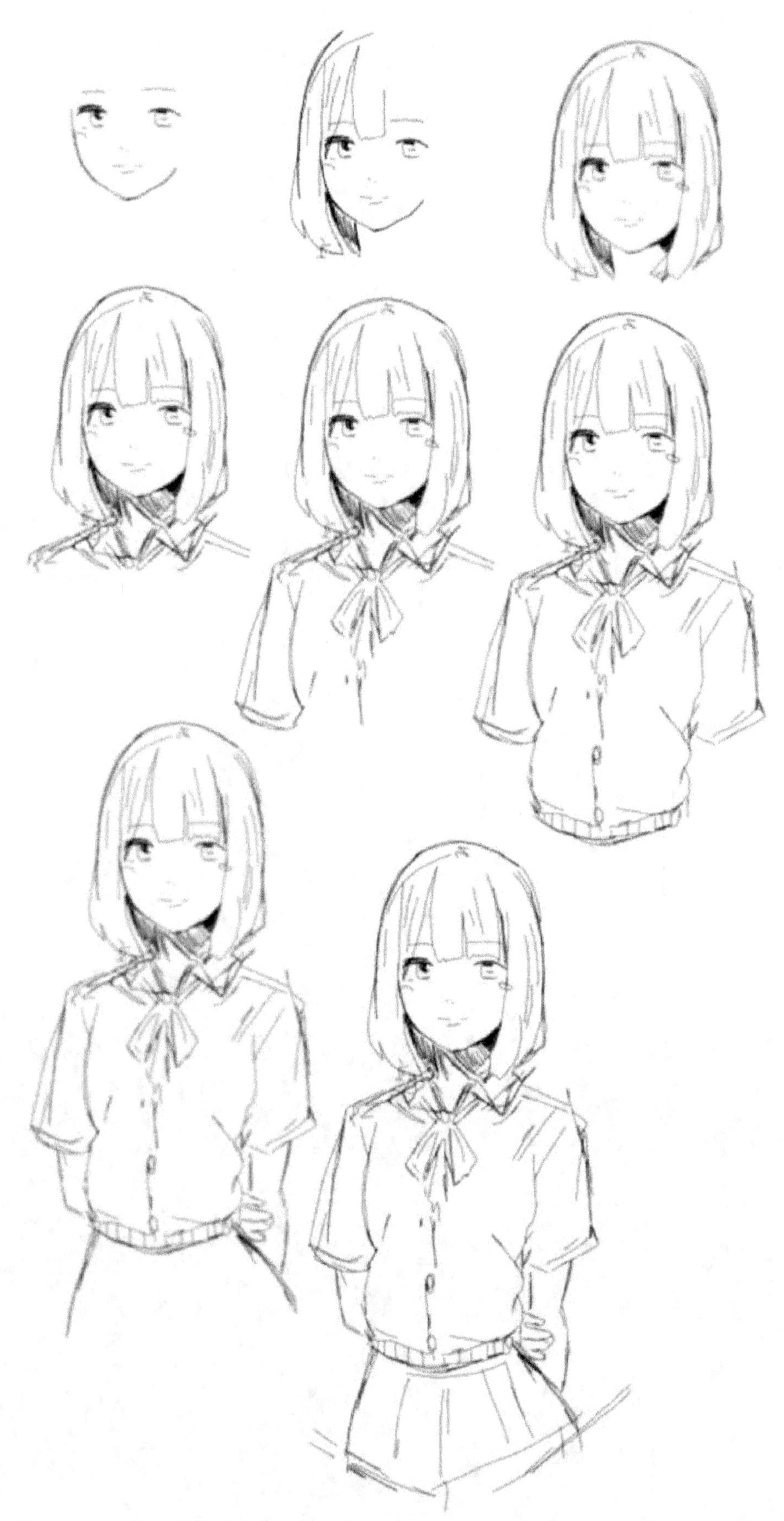

It's Time to Draw

Your Name

It's Time to Draw

Your Name

It's Time to Draw

Your Name

It's Time to Draw

Your Name
____

It's Time to Draw

Your Name

It's Time to Draw

Your Name

It's Time to Draw

Your Name

It's Time to Draw

Your Name

It's Time to Draw

Your Name

It's Time to Draw

Your Name

It's Time to Draw

Your Name

It's Time to Draw

Your Name

It's Time to Draw

Your Name

It's Time to Draw

Your Name

This page left intentionally blank.